لَمْ أُخْلَقْ لِأَبْقى

مَيْس صلاح

I Was Not Created to Stay

Modern Standard Arabic Reader – Book 21

by Mais Salah

lingualism

ISBN: 978-1-949650-79-2

Written by Mais Salah

Edited by Ahmed Younis and Matthew Aldrich

Arabic translation* by Ahmed Younis

Cover art by Duc-Minh Vu

Audio by Ahmed Younis

* *from the original Levantine Arabic to Modern Standard Arabic*

website: www.lingualism.com

email: contact@lingualism.com

INTRODUCTION

The **Modern Standard Arabic Readers** series aims to provide learners with much-needed exposure to authentic language. The books in the series are at a similar level (B1-B2) and can be read in any order. The stories are a fun and flexible tool for building vocabulary, improving language skills, and developing overall fluency.

The main text is presented on even-numbered pages with tashkeel (diacritics) to aid in reading, while parallel English translations on odd-numbered pages are there to help you better understand new words and idioms. A second version of the text is given at the back of the book, without the distraction of tashkeel and translations, for those who are up to the challenge.

New to this edition: the English translations have been revised for improved clarity and accuracy. Each story now also includes **20 comprehension questions** with example answers to help reinforce your understanding of the text. A **sequencing exercise** is provided as well, where you'll put ten key events from the story back in their correct order. These additions make the book even more useful for self-study, classroom use, or group discussions.

Visit www.lingualism.com/audio, to stream or download the free accompanying audio.

This book is also available in Levantine Arabic at www.lingualism.com/lar.

لَمْ أُخْلَقْ لِأَبْقى

في حَياةِ جَميعِ البَشَرِ، هُناكَ شَخْصٌ ما أَوْ حَدَثٌ مُعَيَّنٌ يَكونُ سَبَبًا في تَغْييرِ حياتِكَ وَقَلْبِها رَأْسًا على عَقِبٍ. فَحينَما تَنْظُرُ إِلى حَياتِكِ بَعْدَ مُرورِ سَنَواتٍ عَديدَةٍ، سَتُدْرِكُ أَنَّ عَدَدَ الأَشْخاصِ الَّذينَ ظَنَنْتَ بِأَنَّهُمْ سَيَبْقوْنَ مَعَكَ لِلْأَبَدِ، وَأولَئِكَ الَّذينَ لَمْ تَعْرِفْهُمْ وَكانَ مِنَ المُمْكِنِ أَنْ تُقابِلَهُمْ بِالصُّدْفَةِ سيتَرُكونَكَ، وَبِأَنَّ القَدَرَ كانَ لَهُ رَأْيٌ آخَرُ لِيَبْقَوْا مَعَكَ طَوالَ الزَّمَنِ.

بِالنِّسْبَةِ لي انْقَسَمَتْ حَياتي إِلى جُزْأَيْنِ: الأَوَّلُ قَبْلَ هَذا الحادِثِ وَالثّاني بَعْدَهُ. تَغَيَّرَتْ طَريقَةُ تَفْكيري وَعَقْلِيَّتي وَجَميعُ قَراراتي- كُلُّ شَيْءٍ تَغَيَّرَ حَقًّا. وَالآنَ بَعْدَ أَنْ بَدَأْتُ أَنْظُرُ إِلى نَفْسي في المِرْآةِ، أَسْأَلُ نَفْسي "مَنْ أَنا؟" هَلْ مِنَ المُمْكِنِ أَنْ أَكونَ هَذا الشَّخْصَ؟ كَيْفَ يُمْكِنُ لِلْمَرْءِ أَنْ يَتَحَمَّلَ الفِراقَ؟

عِنْدَما بَدَأْتُ في كِتابَةِ هَذِهِ القِصَّةِ، شَعَرْتُ بِالحيرَةِ إِزاءَ العَناوينِ، "لَمْ أُخْلَقْ لِأَبْقى" أَوْ "الطِّفْلُ المُعْجِزَةُ"

In every human's life, there is a certain person or event that becomes the reason for changing their life completely, turning it upside down. When you look back at your life after many years, you will realize that the number of people you thought would stay with you forever, and those whom you never knew and could have met by chance, will leave you. And that fate had a different opinion, keeping others by your side throughout time.

For me, my life was divided into two parts: before this incident and after it. My way of thinking, my mentality, and all my decisions changed—everything truly changed. And now, as I start looking at myself in the mirror, I ask myself, "Who am I?" Could I really be this person? How can one endure separation?

When I started writing this story, I was confused about the titles: "I Was Not Created to Stay" or "The Miracle Child".

إلّا أنَّني بِكُلِّ صَراحَةٍ وَصِدْقٍ، أُؤْمِنُ بِأَنَّ كُلَّ إِنْسانٍ لَهُ غايَةٌ مُحَدَّدَةٌ في هَذِهِ الحَياةِ، وَبِأَنَّ اللّهَ تَعالى يُرْسِلُ لَنا رَسائِلَ وَدُروسًا عَلى هَيْئَةِ بَشَرٍ. يَجِبُ أَلّا نَنْسى أَنَّ كُلَّ شَيْءٍ يَحْدُثُ مَعَنا لِسَبَبٍ ما. وَلِهَذا كُنْتَ أَنْتَ يا يَحْيى أَحَدَ هَذِهِ الدُّروسِ في حَياتي!

أَنا مُعَلِّمَةٌ مُتَخَصِّصَةٌ في اللُّغَةِ العَرَبِيَّةِ. لَدَيَّ العَديدُ مِنَ الطُّلّابِ الَّذينَ أُحِبُّهُمْ تَمامًا كَما لَوْ كانوا أَطْفالي. لِكُلِّ طِفْلٍ قِصَّةٌ ما، وَلَكِنَّ قِصَّةَ يَحْيى كانَتْ مُخْتَلِفَةً. أَتَذَكَّرُ يَوْمًا عِنْدَما كُنْتَ أَشْرَحُ الآيَةَ الكَريمَةَ: "أَسْمَيْتُهُ يَحْيى لِيَحْيا." لَمَحْتُ ابْتِسامَتَهُ المَرْسومَةَ عَلى شَفَتَيْهِ، لَيْسَ لِأَنَّهُ فَهِمَ مَعْناها، وَلَكِنَّهُ قَرَأَ اسْمَهُ في الكِتابِ. كانَتْ تَعابيرُهُ بَريئَةً وَطُفوليَّةً جِدًّا، فَالتَفاصيلُ الصَّغيرَةُ هَذِهِ تَجْعَلُنا سُعَداءَ. حاوَلْتُ أَنْ أَشْرَحَ مَعْنى هَذِهِ الآيَةِ، لَكِنّي لَمْ أَرْغَبْ في سَرْدِ القِصَّةِ وَتَفْسيرِها، حَتّى لا تَخْتَفي تِلْكَ الِابْتِسامَةُ مِنْ عَلى وَجْهِهِ.

يَحْيى فَتًى في العاشِرَةِ مِنْ عُمْرِهِ عائِلَتُهُ بَسيطَةٌ جِدًّا إِلّا أَنَّها مُتَماسِكَةٌ. عاشَ مَعَ والِدِهِ وَوالِدَتِهِ وَأُخْتِهِ الصَّغيرَةِ زَيْنَةَ، وَهُوَ الحَفيدُ الأَوَّلُ لِلْعائِلَةِ. كانَ طِفْلًا مُدَلَّلًا،

But in all honesty and sincerity, I believe that every person has a specific purpose in this life and that God sends us messages and lessons in the form of people. We must never forget that everything that happens to us happens for a reason. And for that, Yehya, you were one of these lessons in my life!

I am a teacher specializing in the Arabic language. I have many students whom I love as if they were my own children. Every child has a story, but Yehya's story was different. I remember one day while I was explaining the noble verse: "I named him Yehya so that he may live." I noticed the smile drawn on his lips—not because he understood its meaning, but because he read his name in the book. His expressions were so innocent and childlike, and these small details are what bring us happiness. I tried to explain the meaning of the verse, but I did not want to narrate its story or interpret it, so that the smile would not disappear from his face.

Yehya was a ten-year-old boy from a very simple yet close-knit family. He lived with his father, mother, and little sister Zeina. He was the first grandchild of the family

لَكِنَّ ذَلِكَ لَمْ يُؤَثِّرْ عَلى سُلوكِهِ إِطْلاقًا. كانَ مَحْبوبًا جِدًّا مِنَ الجَميعِ وَكُلَّ زُمَلائِهِ في الفَصْلِ يُحِبّونَهُ، حَتّى الفَتَياتِ. كانَ يَحْصُلُ عَلى أَعْلى الدَّرَجاتِ دائِمًا، وَكانَ الجَميعُ يَتَغَنّى بِأَدَبِهِ وَحُسْنِ خُلُقِهِ. مِنْ أَكْثَرِ الأَشْياءِ الَّتي أُحِبُّها في يَحْيى حِرْصُهُ عَلى التَّعَلُّمِ، لَيْسَ فَقَطْ مِنْ أَجْلِ الحُصولِ عَلى الدَّرَجاتِ الكامِلَةِ. وَعَلى الرَّغْمِ مِنْ صِغَرِ سِنِّهِ، إِلّا أَنَّ كَمِّيَّةَ المَعْلوماتِ الَّتي يُمْكِنُهُ إِدْراكُها وَاكْتِسابُها كانَتْ عَظيمَةً. كُنْتَ أَحْيانًا أَشْعُرُ بِالذُّهولِ إِزاءَ الأَسْئِلَةِ الغَريبَةِ الَّتي كانَ يَطْرَحُها، وَالَّتي لَمْ تَخْطُرْ بِبالي قَطُّ.

سَأَلَني ذاتَ مَرَّةٍ: "هَلْ يَشْعُرُ الإِنْسانُ بِالأَلَمِ قَبْلَ أَنْ يَموتَ؟"

"يَحْيى، كَمْ عَدَدُ المَرّاتِ الَّتي قُلْتُ لَكَ فيها أَنَّهُ لَيْسَ مِنَ الجَيِّدِ التَّفْكيرَ في هَذِهِ الأُمورِ؟"

"أَعْرِفُ يا مُعَلِّمَتي، لَكِنْ بِالأَمْسِ سَمِعْتُ في المِذْياعِ عَنِ الطِّفْلِ السّورِيِّ الَّذي غَرِقَ، وَتَساءَلْتُ إِنْ شَعَرَ بِالأَلَمِ قَبْلَ مَوْتِهِ."

and was a spoiled child, but that never affected his behavior at all. He was greatly loved by everyone, and all his classmates adored him—even the girls. He always achieved top grades, and everyone praised his good manners and character. One of the things I loved most about Yehya was his eagerness to learn—not just to get perfect grades. Despite his young age, the amount of knowledge he could comprehend and acquire was immense. Sometimes, I was astonished by the strange questions he would ask—questions that had never even crossed my mind.

One time, he asked me: "Does a person feel pain before they die?"

"Yehya, how many times have I told you that it is not good to think about such things?"

"I know, my teacher, but yesterday I heard on the radio about the Syrian child who drowned, and I wondered if he felt pain before he died."

"عَزيزي يَحْيى، لا أَحَدَ يَسْتَطيعُ أَنْ يَعْرِفَ الجَوابَ الصَّحيحَ فَهَذِهِ الأَشْياءُ في عِلْمِ الغَيْبِ وَاللَّهُ وَحْدَهُ يَعْلَمُها. وَلَكِنْ ما أَنا مُتَأَكِّدَةٌ مِنْهُ هُوَ أَنَّهُ "لا يُكَلِّفُ اللَّهُ نَفْسًا إِلّا وُسْعَها" وَهُوَ تَعالى يَمْنَحُكَ القُدْرَةَ الكافِيَةَ لِمُواجَهَةِ الصُّعوباتِ الَّتي قَدْ تَمُرُّ بِها."

"هَذا صَحيحٌ يا مُعَلِّمَتي. عَلى أَيِّ حالٍ، لَنْ يُخَلَّدَ أَحَدٌ في هَذِهِ الحَياةِ. كُلُّنا سَنَموتُ يَوْمًا ما، أَلَيْسَ كَذَلِكَ؟"

"عَزيزي يَحْيى، حَفِظَكَ اللَّهُ مِنْ كُلِّ مَكْروهٍ. اِذْهَبْ وَتَناوَلْ شَطيرَتَكَ حَتّى لا تَشْغَلَ بالَ والِدَتِكَ عَلَيْكَ."

بَعْدَ أَنْ غادَرَ، شَعَرْتُ بِالِاسْتِغْرابِ وَقُلْتُ في نَفْسي: "كانَ السُّؤالُ الَّذي طَرَحَهُ عَلَيَّ عَميقًا جِدًّا. كَمْ يُمْكِنُ لِلْمَرْءِ أَنْ يَتَحَمَّلَ؟ وَكَيْفَ خَطَرَ بِبالِهِ أَنْ يُخْبِرَني أَنَّنا لَمْ نُخْلَقْ إِلى الأَبَدِ؟"

[5:23]

"My dear Yehya, no one can truly know the right answer; such things belong to the knowledge of the unseen, and only God knows them. But what I am certain of is that 'God does not burden a soul beyond its capacity,' and He grants you enough strength to face the difficulties you may go through."

"That is true, my teacher. In any case, no one is meant to live forever in this life. We will all die one day, won't we?"

"My dear Yehya, may God protect you from all harm. Now go and eat your sandwich so your mother doesn't worry about you."

After he left, I felt surprised and thought to myself: "The question he asked was very deep. How much can a person endure? And how did it cross his mind to tell me that we were not created to last forever?"

❖ ❖ ❖

يُمْكِنُني القَوْلُ بِأَنَّ حَياتي فارِغَةٌ إلى حَدٍّ ما. عُمْري 35 عامًا. تَزَوَّجْتُ وَأنا في العِشْرينَ مِنْ عُمْري، لَكِنْ لِلْأَسَفِ لَمْ يَرْزُقْني اللَّهُ بِالأَبْناءِ. ذَهَبْتُ أنا وَزَوْجي إلى العَديدِ مِنَ الأَطِبّاءِ وَحاوَلْنا شَتّى الطُّرُقِ في سَبيلِ الحَمْلِ وَالإِنْجابِ. إلّا أَنَّ جَميعَها باءَتْ بِالفَشَلِ، وَفَقَدَ زَوْجي الأَمَلَ وَقَرَّرَ أَنْ نَنْفَصِلَ وَيَتَزَوَّجَ اِمْرَأَةً أُخْرى لِتُنْجِبَ لَهُ الطِّفْلَ الَّذي كانَ يَتَمَنّاه طَوالَ حَياتِهِ. كَمْ كانَتْ تِلْكَ الفَتْرَةُ صَعْبَةً بِالنِّسْبَةِ لي! لَمْ أَتَخَيَّلْ أَبَدًا أَنَّ الشَّخْصَ الَّذي اِعْتَقَدْتُ أَنَّني سَأَعيشُ مَعَهُ بَقِيَّةَ حَياتي سَيَتَخَلّى عَنّي وَيَتْرُكُني. فَما ذَنْبي أَنا؟ لِماذا كُتِبَ عَلَيَّ أَنْ أَعيشَ بَقِيَّةَ حَياتي وَحْدي؟

"جوري، أَسْتَميحُكِ عُذْرًا، لَمْ نُناقِشْ هَذِهِ المَسْأَلَةَ مِنْ قَبْلُ، لَكِنَّ والِدَتي تَتَمَنّى أَنْ أُرْزَقَ بِأَبْناءٍ، وَكُنْتُ صَبورًا جِدًّا مَعَكِ.

"أَتُعايِرُني بِأَنَّكَ صَبَرْتَ عَلَيَّ؟ إِنَّها حِكْمَةُ اللَّهِ وَهَذا لَيْسَ ذَنْبي. لَيْسَ لَدَيَّ عَلاقَةٌ بِهَذا الأَمْرِ! كانَ بِإِمْكانِكَ اخْباري بِهَذا مِنْ قَبْلُ عَلى الأَقَلِّ."

[6:43]

❖   ❖   ❖

I can say that my life is somewhat empty. I am 35 years old. I got married in my twenties, but unfortunately, God did not bless me with children. My husband and I went to many doctors and tried every possible way to conceive. However, all of them failed, and my husband lost hope. He decided that we should separate so that he could marry another woman who could give him the child he had longed for all his life. How difficult that period was for me! I never imagined that the person I thought I would spend the rest of my life with would abandon me and leave me. What was my fault? Why was I destined to live the rest of my life alone?

"Joury, forgive me for bringing this up, but we have never discussed this matter before. My mother wishes for me to have children, and I have been very patient with you."

"Are you blaming me for your patience? This is God's wisdom, and it is not my fault! I have nothing to do with this! At the very least, you could have told me this earlier."

"وَصَلْنا لِلنِّهايَةِ. فَلْيُوَفِقكِ اللَّهُ."

لَكِنْ سُبْحانَ اللَّهِ، لَمْ تَسِرْ حَياتُهُ كَما أَرادَ. فَالمَرْأَةُ الَّتي تَزَوَّجَها لَمْ تُنْجِبْ لَهُ أَطْفالًا. وَرُبَّما شَعَرَ أَنَّهُ هُوَ السَّبَبُ، وَلَيْسَ شَيْئًا آخَرَ. حاوَلَ مَرّاتٍ عَديدَةً أَنْ نَتَزَوَّجَ مَرَّةً أُخْرى، لَكِنَّ كَرامَتي فَوْقَ كُلِّ شَيْءٍ، فَالحُبُّ وَالِاحْتِرامُ وَتَقْديرُ مَشاعِرِ الطَّرَفِ الآخَرِ تُعْتَبَرُ مِنْ أَهَمِّ الأَشْياءِ في أَيِّ عَلاقَةٍ. وَأَنا فَقَدْتُ هَذِهِ الأَشْياءَ مَعَ هَذا الشَّخْصِ.

قَرَّرَتْ والِدَتُهُ وَانْصاعَ لِأَمْرِها دونَ أَنْ يُحاوِرَني حَتّى في هَذا مِنْ قَبْلُ. فوجِئْتُ بِشَخْصٍ ما يَطْرُقُ بابي بَعْدَ عَوْدَتي مِنْ عَمَلي في المَدْرَسَةِ لِيُعْطيني وَرَقَةَ الطَّلاقِ. كُلُّ شَيْءٍ نَقومُ بِهِ سَنَحْصُدُهُ يَوْمًا ما، وَهَذا ما يُشَجِّعُني عَلى أَنْ أَكونَ مِعْطاءَةً دائِمًا.

لَمْ يَشَأِ اللَّهُ أَنْ يَرْزُقَني بِأَطْفالٍ لَكِنَّهُ عَوَّضَني بِطُلّابٍ رائِعينَ. يُحِبُّني جَميعُ الطُّلّابِ حُبًّا مُمَيَّزًا، حَتّى المُعَلِّماتِ شَعَرْنَ بِالغيرَةِ بِسَبَبِ هَذا الحُبِّ العَجيبِ! كانَ مُعْظَمُ الطُّلّابِ يَدْعونَني لِاحْتِفالاتِهِمْ سَواءً حَفلاتِ النَّجاحِ أَوْ عيدِ الميلادِ أَوْ حَتّى مُناسَباتِ الزِّفافِ!

[8:30]

"We've reached the end. May God grant you success."

But, glory be to God, his life did not go as he had planned. The woman he married did not bear him children. And perhaps he realized that he was the cause, not something else. He tried many times to remarry me, but my dignity was above all else. Love, respect, and appreciation for the other person's feelings are among the most important things in any relationship. And I had lost those things with this person.

His mother made the decision, and he obeyed her without even discussing it with me beforehand. I was shocked when someone knocked on my door after I returned from work at the school and handed me the divorce papers. Everything we do, we will reap one day, and this is what encourages me to always be giving.

God did not will for me to have children, but He compensated me with wonderful students. All my students love me in a special way, even to the point where the other teachers felt jealous of this strange affection! Most of the students would invite me to their celebrations, whether success parties, birthdays, or even weddings!

❖ ❖ ❖

في أَحَدِ الأَيّامِ دُعيتُ إلى عيدِ ميلادِ يَحْيى التّاسِعِ. أَعَدَّتْ عائِلَتُهُ أَشْياءَ جَميلَةً حَقًّا وَأَقاموا حَفْلًا رائِعًا. أَرادَ أَنْ تَكونَ حَفْلَتُهُ في الهَواءِ الطَّلْقِ، لَكِنَّ الطَّقْسَ كانَ سَيِّئًا وَقْتَها. كانَ يُصادِفُ عيدَ ميلادِهِ السّادِسَ والعِشْرينَ مِنْ أُكْتوبَرَ، وَكانَ الجَوُّ بارِدًا، وَلِهَذا أُقيمَ الحَفْلُ داخِلَ المَنْزِلِ. كُلُّ شَيْءٍ كانَ رائِعًا - البالوناتُ وَالهَدايا في كُلِّ مَكانٍ.

تَخَيَّلْتُ لِلَحْظَةٍ كَيْفَ سَيَكونُ الأَمْرُ لَوْ كانَ لَدَيَّ وَلَدٌ. ماذا كُنْتُ سَأَفْعَلُ في عيدِ ميلادِهِ؟ أَعْتَقِدُ أَنَّهُ إذا طَلَبَ مِنّي نُجومَ السَّماءِ، لَكُنْتُ سَأُحْضِرُهُمْ إِلَيْهِ.

اِحْتَفَلْنا بِعيدِ ميلادِ يَحْيى، وَتَفاجَأْتُ بِعَدَدِ الأَشْخاصِ الَّذينَ يُحِبّونَهُ. الكِبارُ وَالصِّغارُ جَميعُهُمْ جاءوا لِلاحْتِفالِ بِهَذا اليَوْمِ الجَميلِ الَّذي أَنارَ فيه يَحْيى حَياتَنا. جَلَسْتُ بِجانِبِ والِدَتِهِ وَكانَتْ تُخْبِرُني عَنْ طُفولَةِ يَحْيى.

كانَ فَتًى شَقِيًّا جِدًّا يا آنِسَةُ وَلَكِنَّهُ بَطَلٌ فَقَدْ عانى الكَثيرَ في حَياتِهِ بِالرَّغْمِ مِنْ صِغَرِ سِنِّهِ. عِنْدَما أَنْجَبْتُهُ كانَ يُعاني مِنْ مُشْكِلَةٍ في التَّنَفُّسِ وَكانَ يَعيشُ عَلى أُنْبوبَةِ الأُكْسُجينِ.

[10:21]

❖ ❖ ❖

One day, I was invited to Yehya's ninth birthday. His family had prepared truly beautiful things and organized a wonderful party. He wanted his party to be outdoors, but the weather was bad at that time. His birthday fell on the 26th of October, and the weather was cold, so the party was held indoors. Everything was amazing— the balloons and gifts were everywhere.

For a moment, I imagined what it would be like if I had a child. What would I have done for their birthday? I think that if they had asked me for the stars in the sky, I would have brought them to them.

We celebrated Yehya's birthday, and I was surprised by the number of people who loved him. Both adults and children came to celebrate this beautiful day when Yehya lit up our lives. I sat beside his mother, and she began telling me about Yehya's childhood.

"He was a very mischievous boy, miss, but he is a fighter. He has endured so much in his life despite his young age. When I gave birth to him, he had breathing problems and had to rely on

كَانَتْ حَالَتُهُ الصِّحِّيَّةُ تَتَدَهْوَرُ يَوْمًا بَعْدَ يَوْمٍ لِدَرَجَةِ أَنَّني فَقَدْتُ الأَمَلَ بِأَنْ يَبْقَى عَلَى قَيْدِ الحَيَاةِ، لَكِنَّ هَذَا الطِّفْلَ مُعْجِزَةٌ! كَانَ قَوِيًّا جِدًّا وَاسْتَطَاعَ أَنْ يَتَغَلَّبَ عَلَى مَرَضِهِ وَها هُوَ بَيْنَنا اليَوْمَ وَللهِ الحَمْدُ".

"الحَمْدُ للهِ، يَحْيى طِفْلٌ شُجَاعٌ وَقَوِيٌّ. بِإِمْكانِهِ التَّغَلُّبُ عَلَى كُلِّ شَيْءٍ. حَفِظَهُ اللهُ وَرَعَاهُ".

"يا آنِسَةُ، أُرِيدُ أَنْ أَتَحَدَّثَ مَعَكِ عَنْ شَيْءٍ ما، لَكِنّي أَشْعُرُ بِالخَجَلِ قَلِيلًا".

"لا، تَفَضَّلي وَتَحَدَّثي كَما تَشائِينَ".

"أَخي رَجُلٌ مُطَلَّقٌ وَيَبْحَثُ عَنْ عَرُوسٍ وَأَنْتِ أَوَّلُ مِنْ خَطَرَ بِبالي".

"لا أَعْلَمُ بِصَرَاحَةٍ، وَلَكِنْ دَعيني أُفَكِّرُ في الأَمْرِ".

"خُذي وَقْتَكِ وَفَكِّري وَأَخْبِريني، لَكِنْ أُؤَكِّدُ لَكِ أَنَّ أَخي شَخْصٌ طَيِّبٌ وَسَوْفَ يُسْعِدُكِ".

[12:11]

an oxygen tube. His health was deteriorating day by day to the point where I lost hope that he would survive. But this child is a miracle! He was so strong and managed to overcome his illness, and here he is with us today, praise be to God."

"Praise be to God. Yehya is a brave and strong child. He can overcome anything. May God protect him and keep him safe."

"Miss, I want to talk to you about something, but I feel a little embarrassed."

"No, please go ahead and speak as you wish."

"My brother is a divorced man and is looking for a bride, and you were the first person who came to my mind."

"I honestly don't know, but let me think about it."

"Take your time and think about it, and let me know. But I assure you, my brother is a kind person and will make you happy."

❖ ❖ ❖

عُدْتُ إلى المَنْزِلِ وَأنا غارِقَةٌ في أَفْكاري. هَلْ يُمْكِنُ أَنْ تَمْنَحَني الحَياةُ فُرْصَةً أُخْرى؟ هَلْ ما زالَ هُناكَ سَعادَةٌ تَنْتَظِرُني بَعْدُ؟ فَكَّرْتُ كَثيرًا في تِلْكَ اللَّيْلَةِ، وَفي اليَوْمِ التّالي، قَرَّرْتُ أَنْ أُخْبِرَ والِدَةَ يَحْيى أَنَّني سأَمْنَحُهُ فُرْصَةً حَتّى نَتَعَرَّفَ عَلى بَعْضِنا أَوَّلًا وَنَرى ما سَيَحْدُثُ بَعْدَ ذَلِكَ.

"قَرَّرْتُ مُقابَلَتَهُ في مَطْعَمٍ بِالقُرْبِ مِنْ مَنْزِلي، لِنَتَعَرَّفَ عَلى بَعْضِنا البَعْضِ. عِنْدَما كُنْتُ أَنْظُرُ إِلَيْهِ، كُنْتُ أَرى يَحْيى أَمامي كَما لَوْ كانَ شَخْصًا بالِغًا وَراشِدًا. أَدْرَكْتُ وَقْتَها سِرَّ الذَّكاءِ وَاللُّطفِ اللّذانِ يَمْتَلِكُهُما يَحْيى.

جَلَسْنا مَعًا وَكانَ الجَوُّ لَطيفًا، وَكانَ صَوْتُ الموسيقى يُضْفي إِحْساسًا خاصًّا كَالمُعْتادِ. تَحَدَّثْنا كَثيرًا لِدَرَجَةِ أَنَّنا لَمْ نَشْعُرْ بِالوَقْتِ عَلى الإِطْلاقِ. تَحَدَّثْنا لِساعاتٍ عَنْ كُلِّ شَيْءٍ: الحُبُّ وَالأَطْفالُ وَالحَياةُ وَخَيْباتِنا مِنْ أَقْرَبِ النّاسِ إِلَيْنا. ما أَجْمَلَ أَنْ تُقابِلَ شَخْصًا يُشْبِهُكَ حَتّى في مَآسيكَ.

[13:30]

❖ ❖ ❖

I returned home, drowning in my thoughts. Could life grant me another chance? Is there still happiness waiting for me? I thought about it a lot that night, and the next day, I decided to tell Yehya's mother that I would give him a chance so we could get to know each other first and see what happens next.

"I decided to meet him at a restaurant near my home so we could get to know each other. When I looked at him, I saw Yehya in front of me as if he were a grown and mature person. At that moment, I realized the secret behind Yehya's intelligence and kindness.

We sat together, and the atmosphere was pleasant, with the music adding its usual special touch. We talked so much that we lost track of time completely. We talked for hours about everything—love, children, life, and the disappointments we faced from the people closest to us. How beautiful it is to meet someone who resembles you, even in your tragedies.

عَلى الرَّغْمِ مِنْ شُعوري بِالِارْتِياحِ، إِلّا أَنَّني لَمْ أَشْعُرْ بِأَنّي أَفْعَلُ الصَّوابَ. شَعَرْتُ أَنَّهُ لَيْسَ مِنْ حَقّي البَحْثُ عَنْ فُرْصَةٍ أُخْرى. وَماذا لَوِ انْتَهى بي الأَمْرُ لِأَجِدَهُ مِثْلَ طَليقي فَجَميعُهُمْ رائِعونَ في البِداياتِ! اِسْتَمَرَّيْنا في اللِّقاءاتِ وَحاوَلْتُ اِخْبارَهُ بِوُجْهَةِ نَظَري بَيْنَما كانَ يُحاوِلُ إِقْناعي.

❖ ❖ ❖

"ذاتَ يَوْمٍ كُنْتُ جالِسَةً في غُرْفَةِ المُعَلِّماتِ، أَنْتَظِرُ مَوْعِدَ الحِصَّةِ. سَمِعْتُ أَحَدَهُمْ يَقْرَعُ الجَرَسَ، وَعِنْدَما فَتَحْتُهُ كانَ يَحْيى. قالَ لي: "آنِسَةُ، أَعْرِفُ لِماذا لا تُريدينَ الزَّواجَ مِنْ خالي. أَنْتِ خائِفَةٌ، أَلَيْسَ كَذَلِكَ؟"

"عَزيزي يَحْيى، كُلٌّ مِنّا يَأْخُذُ نَصيبَهُ في الحَياةِ، وَأَنا أَخَذْتُ نَصيبي."

أَمْسَكَ بِيَدي وَقالَ لي: يا آنِسَةُ كُلُّ إِنْسانٍ يَسْتَحِقُّ فُرْصَةً ثانِيَةً في الحَياةِ. لَقَدْ كُنْتِ دَوْمًا تُخْبِرينا بِأَنَّ التَّجْرِبَةَ الأولى الفاشِلَةَ لا تَعْني بِالضَّرورَةِ بِأَنَّ جَميعَ التَّجارِبِ فاشِلَةٌ. أَنا مُتَأَكِّدٌ مِنْ أَنَّ خالِيَ هُوَ فُرْصَتُكِ الثّانِيَةُ في الحَياةِ،

[15:06]

Despite feeling comfortable, I did not feel like I was doing the right thing. I felt that I had no right to seek another chance. What if he turned out to be just like my ex-husband? They all seem wonderful in the beginning! We continued meeting, and I tried to explain my perspective to him while he kept trying to convince me.

❖ ❖ ❖

One day, I was sitting in the teachers' lounge, waiting for my class. I heard someone ringing the bell, and when I opened it, it was Yehya. He said to me, "Miss, I know why you don't want to marry my uncle. You're afraid, aren't you?"

"My dear Yehya, everyone takes their share in life, and I have taken mine."

He held my hand and said, "Miss, every person deserves a second chance in life. You've always told us that a failed first experience doesn't necessarily mean all experiences will fail. I am sure that my uncle   is   your   second   chance   in   life,

وَسَوْفَ يَرْسُمُ الابْتِسامَةَ عَلى وَجْهِكِ، تَمامًا كَما يَفْعَلُ مَعي. وَسَأكونُ قَريبًا مِنْكِ. أَلَيْسَ هَذا أَفْضَلُ ما نَتَمَنّاهُ؟ يا مُعَلِّمَتي، اِمْنَحي نَفْسَكِ فُرْصَةً ثانِيَةً لِأَنَّكِ تَسْتَحِقينَها."

"حَسَنًا، يا عَزيزي. أَعِدُكَ بِأَنَّني سَأُفَكِّرُ في الأَمْرِ."

❖ ❖ ❖

مَضى شَهْرٌ وَتَزَوَّجْنا أَنا وَفادي (خالُ يَحْيى). بَدا كُلُّ شَيْءٍ لَطيفًا وَأَجْمَلُ بِكَثيرٍ مِمّا تَوَقَّعْتُ. عِشْنا حَياةً جَميلَةً لِلْغايَةِ، وَكانَ يَحْيى يَزورُنا كُلَّ يَوْمٍ تَقْريبًا. لِلْمَرَّةِ الأولى شَعَرْتُ بِمَعْنى العائِلَةِ وَالمَنْزِلِ. ما أَجْمَلَ أَنْ يُحاطَ الإنْسانُ بِعائِلَةٍ تُحِبُّهُ وَتَدْعَمُهُ دائِمًا. يُعْطيكَ اللّهُ سَبَبًا لِلْعَيْشِ في الوَقْتِ الَّذي كِدْتَ أَنْ تَزْهَدَ عَنْ كُلِّ شَيْءٍ وَتُعْلِنَ اسْتِسْلامَكَ.

بَعْدَ مُرورِ شَهْرٍ، حَدَثَتْ المُعْجِزَةُ. اِكْتَشَفْتُ أَنَّني حامِلٌ! وَكانَ حَقًّا أَسْعَدَ يَوْمٍ في حَياتي. لا يُمْكِنُني وَصْفُ الشُّعورِ الَّذي غَمَرَني وَفَرْحَةُ يَحْيى في ذَلِكَ اليَوْمِ لَفَتَتِ انْتِباهي كَثيرًا. كانَ سَعيدًا جِدًّا. كانَ يَقْفِزُ مِنَ الفَرَحِ وَيُخْبِرُ كُلَّ فَرْدٍ في العائِلَةِ عَنْ حَمْلي. هَذا الوَلَدُ لَدَيْهِ قُدْرَةٌ غَريبَةٌ عَلى الشُّعورِ

[16:42]

and he will put a smile on your face, just as he does with me. And I will be close to you. Isn't that the best thing we could wish for? My teacher, give yourself a second chance because you deserve it."

"Alright, my dear. I promise you I will think about it."

❖ ❖ ❖

A month passed, and Fadi (Yehya's uncle) and I got married. Everything seemed pleasant and much more beautiful than I had expected. We lived a very happy life, and Yehya visited us almost every day. For the first time, I truly felt the meaning of family and home. How wonderful it is to be surrounded by a family that loves and supports you always. God gives you a reason to live just when you are about to give up on everything and surrender.

A month later, a miracle happened. I discovered that I was pregnant! It was truly the happiest day of my life. I cannot describe the overwhelming feeling that took over me, and Yehya's joy that day caught my attention the most. He was extremely happy, jumping with excitement and telling every family member about

بِأَلَمِ وَفَرِحِ الآخَرينَ. بَدَأَ يُخْبِرُني بِما يُخَطِّطُ لَهُ وَما يُريدُ القِيامَ بِهِ وَأَنَّهُ سَيُحْضِرُ الكَثيرَ مِنَ الأَلْعابِ لِلطِّفْلِ.

"سَأَكونُ مِثْلَ أَخيهِ الكَبيرِ. سَأَجْعَلُهُ يُحِبُّني وَلَنْ يَنْساني طَوالَ حَياتِهِ."

"بِالتَّأْكيدِ، يَحْيى. أَنْتَ بِالفِعْلِ شَخْصٌ لا يُنْسى."

"لا أَسْتَطيعُ الِانْتِظارَ كُلَّ هَذِهِ الأَشْهُرِ. أُريدُهُ أَنْ يَأْتِيَ سَريعًا حَتّى أَتَمَكَّنَ مِنْ رُؤْيَتِهِ."

"سَتَراهُ كَثيرًا إِنْ شاءَ اللَّهُ."

"أَنا أُحِبُّكِ أَنْتِ وَالطِّفْلُ."

"وَنَحْنُ نُحِبُّكَ أَيْضًا يا يَحْيى."

❖ ❖ ❖

ظَهَرَتْ بَوادِرُ الشِّتاءِ وَكانَ هُناكَ سُحُبٌ سَوْداءُ لَكِنْ بِدونِ هُطولِ الأَمْطارِ، وَكانَ الطَّقْسُ بارِدًا نَوْعًا ما. كُنْتُ جالِسَةً في غُرْفَةِ المُعَلِّماتِ أُحَدِّقُ في الغُيومِ وَأَقولُ: سُبْحانَ اللَّهِ، بَعْدَ كُلِّ هَذِهِ السُّحُبِ تَأْتي السَّعادَةُ. قاطَعَتْني مُعَلِّمَةُ اللُّغَةِ الإِنْجليزيَّةِ وَأَخْبَرَتْني بِأَنَّ المَدْرَسَةَ تُنَظِّمُ رِحْلَةً لِلْأَطْفالِ

[18:30]

my pregnancy. This boy has a strange ability to sense the pain and joy of others. He started telling me about his plans, what he wanted to do, and how he was going to bring so many toys for the baby.

"I will be like his older brother. I will make him love me, and he will never forget me for the rest of his life."

"Of course, Yehya. You are truly someone unforgettable."

"I can't wait all these months. I want him to come quickly so I can see him."

"You'll see him a lot, God willing."

"I love you and the baby."

"And we love you too, Yehya."

❖　❖　❖

The signs of winter appeared, and there were dark clouds, but no rain had fallen yet. The weather was somewhat cold. I was sitting in the teachers' lounge, staring at the clouds and saying to myself, "Glory be to God, after all these clouds, happiness will come." The English teacher interrupted me and told me that the school was

الأُسْبوعَ المُقْبِلَ وَأَنَّهُمْ مُتَحَمِّسونَ جِدًّا لَها.

عَلِمْتُ أَنَّ المَكانَ الَّذي سَيَذْهَبونَ إِلَيْهِ هُوَ البَحْرُ المَيِّتُ، فَتَوَجَّهْتُ عَلى الفَوْرِ إِلى المُديرَةِ وَأَخْبَرْتُها أَنَّ الطَّقْسَ لَنْ يَكونَ مُناسِبًا لِمِثْلِ هَذِهِ الرِّحْلَةِ، وَهَذا قَدْ يُشَكِّلُ خَطَرًا عَلى حَياةِ الأَطْفالِ. لَكِنَّها أَكَّدَتْ لي أَنَّ كُلَّ شَيْءٍ سَيَكونُ عَلى ما يُرامُ.

"أَعْلَمُ أَنَّكِ المُديرَةُ، وَلَيْسَ لَدَيَّ الحَقُّ في التَّدَخُّلِ، لَكِنْ لا يُمْكِنُني التِزامُ الصَّمْتِ في مِثْلِ هَذِهِ المَواقِفِ."

"سَيَكونُ الطَّقْسُ في ذَلِكَ اليَوْمِ جَيِّدًا وَسَيَذْهَبُ مَعَ الأَطْفالِ عَدَدٌ مِنَ المُرْشِدينَ وَالمُعَلِّمينَ. لا تَقْلَقي. كُلُّ شَيْءٍ سَيَكونُ عَلى ما يُرامُ."

"أَتَمَنّى ذَلِكَ!"

اِنْتَهى وَقْتُ العَمَلِ، وَعُدْنا أَنا وَيَحْيى إِلى مَنْزِلِ عائِلَتِهِ وَتَناوَلْنا الغَداءَ مَعًا. أَخْرَجَ يَحْيى وَرَقَةَ الرِّحْلَةِ مِنْ حَقيبَتِهِ وَطَلَبَ مِنْ والِدَيْهِ السَّماحَ لَهُ بِالذَّهابِ. رَفَضَتْ والِدَتُهُ الأَمْرَ في البِدايَةِ، وَلَكِنْ بَعْدَ إِصْرارِهِ وَإِلْحاحِهِ وافَقَتْ والِدَتُهُ.

[19:56]

organizing a trip for the children next week and that they were very excited about it.

I learned that the destination they were going to was the Dead Sea, so I immediately went to the principal and told her that the weather would not be suitable for such a trip and that this could pose a danger to the children's lives. But she assured me that everything would be fine.

"I know you are the principal, and I don't have the right to interfere, but I can't remain silent in situations like this."

"The weather will be good that day, and a number of guides and teachers will accompany the children. Don't worry. Everything will be fine."

"I hope so!"

The workday ended, and Yehya and I returned to his family's home and had lunch together. Yehya took out the trip permission slip from his bag and asked his parents for permission to go. His

وَكانَ سَعيدًا جِدًّا وَأَخْبَرَني بِالتَّحْضيراتِ الخاصَّةِ بِالرِّحْلَةِ وَعَدَّ لي أَسْماءَ أَصْدِقائِهِ الَّذينَ سَيُرافِقونَهُ في الرِّحْلَةِ.

❖ ❖ ❖

كانَتِ الرِّحْلَةُ في يَوْمِ 25 أُكْتوبَرَ 2018، وَهُوَ حَدَثٌ مُهِمٌّ جِدًّا لِجَميعِ الطُّلّابِ في الفَصْلِ. كانوا يَنْتَظِرونَهُ لِأَكْثَرَ مِنْ أُسْبوعٍ. في ذَلِكَ اليَوْمِ، كانوا سُعَداءَ مُنْذُ الصَّباحِ. كانَ كُلُّ واحِدٍ مِنْهُمْ يَرْتَدي المَلابِسَ الجَديدَةَ بِجانِبِ جَميعِ التَّحْضيراتِ وَالوَجَباتِ المُجَهَّزَةِ لِهَذا اليَوْمِ. وَدَّعْتُ يَحْيى وَبَقيَّةَ الطُّلّابِ.

قَبْلَ أَنْ يَصْعَدَ إِلى الحافِلَةِ، قالَ لي: "مُعَلِّمَتي، حانَ وَقْتُ المُغامَرَةِ الجَديدَةِ. سَأُخْبِرُ طِفْلَكِ عَنْها عِنْدَما يَأْتي. قولي لَهُ أَنْ يَنْتَظِرَني."

"لا تَقْلَقْ، يا يَحْيى. أَنا وَطِفْلي سَنَنْتَظِرُكَ. نَحْنُ نُجَهِّزُ لَكَ مُفاجَأَةً جَميلَةً جِدًّا لِعيدِ ميلادِكَ غَدًا."

"مَرْحى! أَنا أَسْعَدُ شَخْصٍ في العالَمِ! اليَوْمَ رِحْلَةٌ وَغَدًا احْتِفالٌ!"

mother refused at first, but after his insistence and persistence, she agreed. He was very happy and told me all about the preparations for the trip and listed the names of his friends who would be accompanying him.

❖   ❖   ❖

The trip was on October 25, 2018, a very important event for all the students in the class. They had been looking forward to it for more than a week. That day, they were happy from the early morning. Each of them was wearing new clothes along with all the preparations and packed meals for the day. I bid farewell to Yehya and the rest of the students.

Before he got on the bus, he said to me, "Teacher, it's time for a new adventure. I will tell your baby all about it when he arrives. Tell him to wait for me."

"Don't worry, Yehya. My baby and I will be waiting for you. We're preparing a very special surprise for your birthday tomorrow."

"Hooray! I'm the happiest person in the world! A trip today and a celebration tomorrow!"

"اِذْهَبْ! اِعْتَنِ بِنَفْسِكَ وَاسْتَمْتِعْ يا عَزيزي!"

"بِالتَّأْكيدِ! إِلى اللِّقاءِ!"

❖ ❖ ❖

بَعْدَ بِضْعِ ساعاتٍ كانَ المَطَرُ يَهْطُلُ لِأَوَّلِ مَرَّةٍ في عَمّانَ! كانَتْ أَمْطارًا خَفيفَةً تَكادُ أَنْ تَشْعُرَ بِها. كانَ يَحْيى وَأَصْدِقاؤُهُ في الرِّحْلَةِ يَسيرونَ بَيْنَ الصُّخورِ، وَكانَ المُرْشِدونَ يُخْبِرونَهُمْ عَنْ هَذا المَكانِ الجَميلِ. كانوا يَضْحَكونَ وَيَسْتَكْشِفونَ مَناطِقَ جَديدَةٍ.

وَفَجْأَةً، وَبِدونِ سابِقِ إِنْذارٍ، تَدَفَّقَتِ المِياهُ مِنْ كُلِّ الأَماكِنِ. كانَتِ المِياهُ قَوِيَّةً جِدًّا عَلى غَيْرِ المُعْتادِ.

بَدَأوا يَرْكُضونَ نَحْوَ الصُّخورِ العالِيَةِ. بَعْضُ النّاسِ وَصَلَ إِلى الصُّخورِ، وَالبَعْضُ الآخَرُ جَرَفَتْهُ المِياهُ. أَصْواتٌ وَصَرَخاتٌ في كُلِّ مَكانٍ وَكُلٌّ مِنْهُمْ يُحاوِلُ مُساعَدَةَ الآخَرِ، وَالبَعْضُ يُحاوِلُ النَّجاةَ، وَمِنْهُمْ مِنْ رَأَوْا أَصْدِقائَهُمْ يَموتونَ أَمامَهُمْ وَهُمْ عاجِزونَ عَنْ فِعْلِ أَيِّ شَيْءٍ.

رَفيقُ الدَّرْبِ وَالصّاحِبِ جَرَفَتْهُ المِياهُ بَعيدًا وَصَديقُهُ يَتَشَبَّثُ بِحَجَرٍ، خائِفٌ أَنْ تَكونَ نِهايَتُهُ مِثْلَ نِهايَةِ صَديقِهِ.

[22:57]

"Go on! Take care of yourself and have fun, my dear!"

"Of course! See you later!"

❖ ❖ ❖

A few hours later, it rained in Amman for the first time! It was a light rain, barely noticeable. Yehya and his friends were on their trip, walking among the rocks while the guides told them about this beautiful place. They were laughing and exploring new areas.

Suddenly, without warning, water rushed in from everywhere. The current was unusually strong.

They started running towards the high rocks. Some managed to reach them, while others were swept away by the water. Voices and screams filled the place—some were trying to help others, some were struggling to survive, and some watched helplessly as their friends died before their eyes.

A companion, a dear friend, was carried away by the current, while his friend clung to a rock, terrified that his fate would be the same.

وَالفَتاةُ الأَنيقَةُ، الَّتي كانَ هَمُّها الأَكْبَرُ هُوَ الحِفاظُ عَلى لِباسِها نَظيفًا، تَلَطَّخَتْ بِالطّينِ وَدُفِنَتْ تَحْتَ الصُّخورِ.

وَيَحْيى؟ أَيْنَ يَحْيى؟

وَصَلْنا إِلى مَكانِ الحادِثِ وَبَدَأْنا نَبْحَثُ بَيْنَ الوُجوهِ! كانَتْ والِدَةُ يَحْيى تَبْحَثُ عَنْهُ وَتُحَدِّقُ بَيْنَ كُلِّ الوُجوهِ المُغَطّاةِ بِالطّينِ عَلى أَمَلِ أَنْ تَرى مَلامِحَ طِفْلِها بَيْنَهُمْ.

طُلّابي في كُلِّ مَكانٍ... كُنْتُ أَشْعُرُ بِالسَّعادَةِ عِنْدَما أَرى طالِبًا عائِدًا مَعَ عائِلَتِهِ بِأَمانٍ وَأَشْعُرُ بِالضّيقِ عِنْدَما أَرى طالِبًا في عَرَبَةِ المَوْتى.

جاءَني طالِبٌ اِسْمُهُ يامِنُ وَقالَ لي: "يا آنِسَةُ، تُوُفِّيَ يَحْيى بَيْنَما كانَ يُحاوِلُ مُساعَدَتي. سَحَبَتْهُ المِياهُ بَعيدًا، وَلَمْ أَسْتَطِعْ مُساعَدَتَهُ."

بَعْدَ ساعاتٍ، أَحْضَروا لَنا جُثَّةَ يَحْيى.

شَعَرْتُ أَنَّهُ كابوسٌ مُرْعِبٌ يَجِبُ أَنْ أَسْتَيْقِظَ مِنْهُ. فَقَدَ الطِّفْلُ القَوِيُّ قُوَّتَهُ، وَعَيْناهُ الآنَ مُغْلَقَتانِ إِلى الأَبَدِ، وَلَنْ نَسْمَعَ قِصَصَهُ الجَميلَةَ مَرَّةً أُخْرى. رَحَلَ بَعيدًا وَتَرَكَنا هُنا مَكْسورينَ الخاطِرِ.

[24:43]

And the elegant girl, whose biggest concern was keeping her clothes clean, was covered in mud and buried under the rocks.

And Yehya? Where was Yehya?

We arrived at the site of the disaster and started searching among the faces! Yehya's mother was looking for him, scanning every mud-covered face, hoping to recognize her child among them.

My students were everywhere... I felt joy whenever I saw a student returning safely with their family, and I felt anguish whenever I saw a student being taken away in a hearse.

A student named Yamin came to me and said, "Miss, Yehya passed away while trying to help me. The water dragged him far away, and I couldn't save him."

Hours later, they brought us Yehya's body.

I felt like it was a terrifying nightmare I needed to wake up from. The strong child had lost his strength, and now his eyes were closed forever. We would never hear his beautiful stories again. He left us behind, brokenhearted.

أَلَمْ تُخْبِرْني أَنَّكَ سَتَعودُ وَتُخْبِرُ الطِّفْلَ عَنْ مُغامَراتِكَ؟ أَلَمْ تَطْلُبْ مِنّي أَنْ أَقولَ لَهُ أَنْ يَنْتَظِرَكَ يا يَحْيى؟

وَعيدُ ميلادِكَ! كَيْفَ سَنُوَدِّعُكَ قَبْلَ يَوْمِ عيدِ ميلادِكَ بِيَوْمٍ واحِدٍ فَقَطْ؟ كَيْفَ يُمْكِنُ أَنْ يَكونَ كُلُّ شَيْءٍ في الحَفْلِ جاهِزًا إِلّا صاحِبُ الحَفْلِ؟ نَفَخْنا البالوناتِ وَأَعْدَدْنا كَعْكَةً كُتِبَ عَلَيْها الرَّقْمُ "10".

عَشْرُ سَنَواتٍ فَقَطْ يا يَحْيى! يَعيشُ بَعْضُ النّاسِ طَويلًا دونَ أَيِّ أَثَرٍ، وَالبَعْضُ يَعيشونَ قَليلًا وَيَتْرُكونَ بَصْمَةً كَبيرَةً في حَياةِ الجَميعِ.

سَمَّيْتُهُ يَحْيى لِيَحْيا لَكِنْ لَمْ يَكُنْ لَهُ مِنْ اِسْمِهِ نَصيبٌ

❖ ❖ ❖

مَرَّتْ أَيّامٌ عَديدَةٌ وَتَغَيَّرَتْ قَناعاتي. كُنْتَ دَرْسي في هَذِهِ الحَياةِ يا يَحْيى. مازالَ الأَمَلُ مَوْجودٌ وَلَنْ أَفْقِدَ الأَمَلَ كَما وَعَدَّتُكَ يا حَبيبي. سَتَبْقى دائِمًا في قُلوبِنا وَعُقولِنا، وَلَنْ نَنْساكَ أَبَدًا.

[26:34]

Didn't you tell me that you would come back and tell my child about your adventures? Didn't you ask me to tell him to wait for you, Yehya?

And your birthday! How can we say goodbye to you just one day before your birthday? How can everything for the party be ready—except for the birthday boy himself? We blew up the balloons and prepared a cake with the number "10" written on it.

Only ten years, Yehya! Some people live long without leaving any impact, while others live briefly and leave a lasting mark on everyone's lives.

"I named him Yehya so he would live," but his name did not match his fate.

❖   ❖   ❖

Many days have passed, and my beliefs have changed. You were my lesson in this life, Yehya. Hope still exists, and I will never lose hope as I promised you, my dear. You will always remain in our hearts and minds, and we will never forget you.

بِالمُناسَبَةِ، الطِّفْلُ الَّذي كُنْتَ تَنْتَظِرُهُ مَوْجودٌ هُنا الآنَ، لَكِنَّكَ في مَكانٍ آخَرَ. سَمَّيْتُهُ يَحْيى لِيَحْيا. أَنا واثِقَةٌ مِنْ أَنَّكُما سَتَجْلِسانِ مَعًا في يَوْمٍ مِنَ الأَيّامِ وَيُخْبِرُ كُلٌّ مِنْكُما الآخَرَ عَنْ مُغامَراتِهِ الجَميلَةِ.

قُدِّرَ لِبَعْضِ النّاسِ أَلّا يَبْقَوْا، وَلِبَعْضِهِمْ أَنْ يُعَلِّمونا دَرْسًا وَيَزْرَعوا الأَمَلَ بِداخِلِنا. لَنْ تَسْأَلَ السَّحابَةَ القادِمَةَ عَنْ حَجْمِ الضَّرَرِ الَّذي يُمْكِنُ أَنْ تَتَسَبَّبَ بِهِ طالَما أَنَّها سَتَتْرُكُ لَنا قَوْسَ قُزَحٍ بَعْدَ مُغادَرَتِها.

"أُمّي، هَلْ كُنْتِ تُحِبّينَ يَحْيى؟"

"لَوْ لَمْ أَكُنْ أُحِبُّهُ لَما أَسْمَيْتُكَ بِاسْمِهِ."

"كانَ يَحْيى قَوِيًّا، لَكِنَّني سَأَكونُ أَقْوى، وَسَأَظَلُّ مَعَكِ دائِمًا."

"حَفِظَكَ اللّٰهُ."

[28:10]

By the way, the child you were waiting for is here now, but you are in another place. I named him Yehya so he would live. I am sure that one day, you two will sit together and tell each other about your beautiful adventures.

Some people are destined not to stay, while others are meant to teach us a lesson and plant hope within us. You will never ask the coming cloud about the damage it may cause as long as it leaves us a rainbow after it departs.

"Mom, did you love Yehya?"

"If I didn't love him, I wouldn't have named you after him."

"Yehya was strong, but I will be stronger, and I will always stay with you."

"May God protect you."

ARABIC TEXT WITHOUT TASHKEEL

For a more authentic reading challenge, read the story without the aid of diacritics (tashkeel) and the parallel English translation.

لم أخلق لأبقى

في حياة جميع البشر، هناك شخص ما أو حدث معين يكون سببا في تغيير حياتك وقلبها رأسا على عقب. فحينما تنظر إلى حياتك بعد مرور سنوات عديدة، ستدرك أن عدد الأشخاص الذين ظننت بأنهم سيبقون معك للأبد، وأولئك الذين لم تعرفهم وكان من الممكن أن تقابلهم بالصدفة سيتركونك، وبأن القدر كان له رأي آخر ليبقوا معك طوال الزمن.

بالنسبة لي انقسمت حياتي إلى جزأين: الأول قبل هذا الحادث والثاني بعده. تغيرت طريقة تفكيري وعقليتي وجميع قراراتي- كل شيء تغير حقا. والآن بعد أن بدأت أنظر إلى نفسي في المرآة، أسأل نفسي "من أنا؟" هل من الممكن أن أكون هذا الشخص؟ كيف يمكن للمرء أن يتحمل الفراق؟

عندما بدأت في كتابة هذه القصة، شعرت بالحيرة إزاء العناوين، "لم أخلق لأبقى" أو "الطفل المعجزة" إلا أنني بكل صراحة وصدق، أؤمن بأن كل إنسان له غاية محددة في هذه الحياة، وبأن الله تعالى يرسل لنا رسائل ودروسا على هيئة بشر. يجب ألا ننسى أن كل شيء يحدث معنا لسبب ما. ولهذا كنت أنت يا يحيى أحد هذه الدروس في حياتي!

أنا معلمة متخصصة في اللغة العربية. لدي العديد من الطلاب الذين أحبهم تماما كما لو كانوا أطفالي. لكل طفل قصة ما، ولكن قصة يحيى كانت مختلفة. أتذكر يوما عندما كنت أشرح الآية الكريمة: "أسميته يحيى ليحيا." لمحت ابتسامته المرسومة على شفتيه، ليس لأنه فهم معناها، ولكنه قرأ اسمه في الكتاب. كانت تعابيره بريئة وطفولية جدا، فالتفاصيل الصغيرة هذه تجعلنا سعداء. حاولت أن أشرح معنى هذه الآية، لكني لم أرغب في سرد القصة وتفسيرها، حتى لا تختفي تلك الابتسامة من على وجهه.

يحيى فتى في العاشرة من عمره عائلته بسيطة جدا إلا أنها متماسكة. عاش مع والده ووالدته وأخته الصغيرة زينة، وهو الحفيد الأول للعائلة. كان طفلا

مدللا، لكن ذلك لم يؤثر على سلوكه إطلاقا. كان محبوبا جدا من الجميع وكل زملائه في الفصل يحبونه، حتى الفتيات. كان يحصل على أعلى الدرجات دائما، وكان الجميع يتغنى بأدبه وحسن خلقه. من أكثر الأشياء التي أحبها في يحيى حرصه على التعلم، ليس فقط من أجل الحصول على الدرجات الكاملة. وعلى الرغم من صغر سنه، إلا أن كمية المعلومات التي يمكنه إدراكها واكتسابها كانت عظيمة. كنت أحيانا أشعر بالذهول إزاء الأسئلة الغريبة التي كان يطرحها، والتي لم تخطر ببالي قط.

سألني ذات مرة: "هل يشعر الإنسان بالألم قبل أن يموت؟"

"يحيى، كم عدد المرات التي قلت لك فيها أنه ليس من الجيد التفكير في هذه الأمور؟"

"أعرف يا معلمتي، لكن بالأمس سمعت في المذياع عن الطفل السوري الذي غرق، وتساءلت إن شعر بالألم قبل موته."

"عزيزي يحيى، لا أحد يستطيع أن يعرف الجواب الصحيح فهذه الأشياء في علم الغيب والله وحده يعلمها. ولكن ما أنا متأكدة منه هو أنه "لا يكلف الله نفسا إلا وسعها" وهو تعالى يمنحك القدرة الكافية لمواجهة الصعوبات التي قد تمر بها."

"هذا صحيح يا معلمتي. على أي حال، لن يخلد أحد في هذه الحياة. كلنا سنموت يوما ما، أليس كذلك؟"

"عزيزي يحيى، حفظك الله من كل مكروه. اذهب وتناول شطيرتك حتى لا تشغل بال والدتك عليك."

بعد أن غادر، شعرت بالاستغراب وقلت في نفسي: "كان السؤال الذي طرحه علي عميقا جدا. كم يمكن للمرء أن يتحمل؟ وكيف خطر بباله أن يخبرني أننا لم نخلق إلى الأبد؟"

❖ ❖ ❖

يمكنني القول بأن حياتي فارغة إلى حد ما. عمري 35 عاما. تزوجت وأنا في العشرين من عمري، لكن للأسف لم يرزقني الله بالأبناء. ذهبت أنا وزوجي إلى العديد من الأطباء وحاولنا شتى الطرق في سبيل الحمل والإنجاب. إلا أن جميعها باءت بالفشل، وفقد زوجي الأمل وقرر أن ننفصل ويتزوج امرأة

أخرى لتنجب له الطفل الذي كان يتمناه طوال حياته. كم كانت تلك الفترة صعبة بالنسبة لي! لم أتخيل أبدا أن الشخص الذي اعتقدت أنني سأعيش معه بقية حياتي سيتخلى عني ويتركني. فما ذنبي أنا؟ لماذا كتب علي أن أعيش بقية حياتي وحدي؟

"جوري، أستميحك عذرا، لم نناقش هذه المسألة من قبل، لكن والدتي تتمنى أن أرزق بأبناء، وكنت صبورا جدا معك.

"أتعايرني بأنك صبرت علي؟ إنها حكمة الله وهذا ليس ذنبي. ليس لدي علاقة بهذا الأمر! كان بإمكانك اخباري بهذا من قبل على الأقل."

"وصلنا للنهاية. فليوفقك الله."

لكن سبحان الله، لم تسر حياته كما أراد. فالمرأة التي تزوجها لم تنجب له أطفالا. وربما شعر أنه هو السبب، وليس شيئا آخر. حاول مرات عديدة أن نتزوج مرة أخرى، لكن كرامتي فوق كل شيء، فالحب والاحترام وتقدير مشاعر الطرف الآخر تعتبر من أهم الأشياء في أي علاقة. وأنا فقدت هذه الأشياء مع هذا الشخص.

قررت والدته وانصاع لأمرها دون أن يحاورني حتى في هذا من قبل. فوجئت بشخص ما يطرق بابي بعد عودتي من عملي في المدرسة ليعطيني ورقة الطلاق. كل شيء نقوم به سنحصده يوما ما، وهذا ما يشجعني على أن أكون معطاءة دائما.

لم يشأ الله أن يرزقني بأطفال لكنه عوضني بطلاب رائعين. يحبني جميع الطلاب حبا مميزا، حتى المعلمات شعرن بالغيرة بسبب هذا الحب العجيب! كان معظم الطلاب يدعونني لاحتفالاتهم سواء حفلات النجاح أو عيد الميلاد أو حتى مناسبات الزفاف!

❖ ❖ ❖

في أحد الأيام دعيت إلى عيد ميلاد يحيى التاسع. أعدت عائلته أشياء جميلة حقا وأقاموا حفلا رائعا. أراد أن تكون حفلته في الهواء الطلق، لكن الطقس كان سيئا وقتها. كان يصادف عيد ميلاده السادس والعشرين من أكتوبر، وكان الجو باردا، ولهذا أقيم الحفل داخل المنزل. كل شيء كان رائعا - البالونات والهدايا في كل مكان.

تخيلت للحظة كيف سيكون الأمر لو كان لدي ولد. ماذا كنت سأفعل في عيد ميلاده؟ أعتقد أنه إذا طلب مني نجوم السماء، لكنت سأحضرهم إليه.

احتفلنا بعيد ميلاد يحيى، وتفاجأت بعدد الأشخاص الذين يحبونه. الكبار والصغار جميعهم جاءوا للاحتفال بهذا اليوم الجميل الذي أنار فيه يحيى حياتنا. جلست بجانب والدته وكانت تخبرني عن طفولة يحيى.

كان فتى شقيا جدا يا آنسة ولكنه بطل فقد عانى الكثير في حياته بالرغم من صغر سنه. عندما أنجبته كان يعاني من مشكلة في التنفس وكان يعيش على أنبوبة الأكسجين. كانت حالته الصحية تتدهور يوما بعد يوم لدرجة أنني فقدت الأمل بأن يبقى على قيد الحياة، لكن هذا الطفل معجزة! كان قويا جدا واستطاع أن يتغلب على مرضه وها هو بيننا اليوم ولله الحمد".

"الحمد لله، يحيى طفل شجاع وقوي. بامكانه التغلب على كل شيء. حفظه الله ورعاه."

"يا آنسة، أريد أن أتحدث معك عن شيء ما، لكني أشعر بالخجل قليلا."

"لا، تفضلي وتحدثي كما تشائين."

"أخي رجل مطلق ويبحث عن عروس وأنت أول من خطر ببالي."

"لا أعلم بصراحة، ولكن دعيني أفكر في الأمر."

"خذي وقتك وفكري وأخبريني، لكن أؤكد لك أن أخي شخص طيب وسوف يسعدك."

❖ ❖ ❖

عدت إلى المنزل وأنا غارقة في أفكاري. هل يمكن أن تمنحني الحياة فرصة أخرى؟ هل ما زال هناك سعادة تنتظرني بعد؟ فكرت كثيرا في تلك الليلة، وفي اليوم التالي، قررت أن أخبر والدة يحيى أنني سأمنحه فرصة حتى نتعرف على بعضنا أولا ونرى ما سيحدث بعد ذلك.

"قررت مقابلته في مطعم بالقرب من منزلي، لنتعرف على بعضنا البعض. عندما كنت أنظر إليه، كنت أرى يحيى أمامي كما لو كان شخصا بالغا وراشدا. أدركت وقتها سر الذكاء واللطف اللذان يمتلكهما يحيى.

جلسنا معا وكان الجو لطيفا، وكان صوت الموسيقى يضفي إحساسا خاصا كالمعتاد. تحدثنا كثيرا لدرجة أننا لم نشعر بالوقت على الإطلاق. تحدثنا لساعات عن كل شيء: الحب والأطفال والحياة وخيباتنا من أقرب الناس إلينا. ما أجمل أن تقابل شخصا يشبهك حتى في مآسيك.

على الرغم من شعوري بالارتياح، إلا أنني لم أشعر بأني أفعل الصواب. شعرت أنه ليس من حقي البحث عن فرصة أخرى. وماذا لو انتهى بي الأمر لأجده مثل طليقي فجميعهم رائعون في البدايات! استمرينا في اللقاءات وحاولت اخباره بوجهة نظري بينما كان يحاول إقناعي.

❖ ❖ ❖

"ذات يوم كنت جالسة في غرفة المعلمات، أنتظر موعد الحصة. سمعت أحدهم يقرع الجرس، وعندما فتحته كان يحيى. قال لي: "آنسة، أعرف لماذا لا تريدين الزواج من خالي. أنت خائفة، أليس كذلك؟"

"عزيزي يحيى، كل منا يأخذ نصيبه في الحياة، وأنا أخذت نصيبي."

أمسك بيدي وقال لي: يا آنسة كل إنسان يستحق فرصة ثانية في الحياة. لقد كنت دوما تخبرينا بأن التجربة الأولى الفاشلة لا تعني بالضرورة بأن جميع التجارب فاشلة. أنا متأكد من أن خالي هو فرصتك الثانية في الحياة، وسوف يرسم الابتسامة على وجهك، تماما كما يفعل معي. وسأكون قريبا منك. أليس هذا أفضل ما نتمناه؟ يا معلمتي، امنحي نفسك فرصة ثانية لأنك تستحقينها."

"حسنا، يا عزيزي. أعدك بأنني سأفكر في الأمر."

❖ ❖ ❖

مضى شهر وتزوجنا أنا وفادي (خال يحيى). بدا كل شيء لطيفا وأجمل بكثير مما توقعت. عشنا حياة جميلة للغاية، وكان يحيى يزورنا كل يوم تقريبا. للمرة الأولى شعرت بمعنى العائلة والمنزل. ما أجمل أن يحاط الانسان بعائلة تحبه وتدعمه دائما. يعطيك الله سببا للعيش في الوقت الذي كدت أن تزهد عن كل شيء وتعلن استسلامك.

بعد مرور شهر، حدثت المعجزة. اكتشفت أنني حامل! وكان حقا أسعد يوم في حياتي. لا يمكنني وصف الشعور الذي غمرني وفرحة يحيى في ذلك اليوم لفتت انتباهي كثيرا. كان سعيدا جدا. كان يقفز من الفرح ويخبر كل فرد في العائلة عن حملي. هذا الولد لديه قدرة غريبة على الشعور بألم وفرح الآخرين. بدأ يخبرني بما يخطط له وما يريد القيام به وأنه سيحضر الكثير من الألعاب للطفل.

"سأكون مثل أخيه الكبير. سأجعله يحبني ولن ينساني طوال حياته."

"بالتأكيد، يحيى. أنت بالفعل شخص لا ينسى."

"لا أستطيع الانتظار كل هذه الأشهر. أريده أن يأتي سريعا حتى أتمكن من رؤيته."

"ستراه كثيرا إن شاء الله."

"أنا أحبك أنت والطفل."

"ونحن نحبك أيضا يا يحيى."

❖ ❖ ❖

ظهرت بوادر الشتاء وكان هناك سحب سوداء لكن بدون هطول الأمطار، وكان الطقس باردا نوعا ما. كنت جالسة في غرفة المعلمات أحدق في الغيوم وأقول: سبحان الله، بعد كل هذه السحب تأتي السعادة. قاطعتني معلمة اللغة الإنجليزية وأخبرتني بأن المدرسة تنظم رحلة للأطفال الأسبوع المقبل وأنهم متحمسون جدا لها.

علمت أن المكان الذي سيذهبون إليه هو البحر الميت، فتوجهت على الفور إلى المديرة وأخبرتها أن الطقس لن يكون مناسبا لمثل هذه الرحلة، وهذا قد يشكل خطرا على حياة الأطفال. لكنها أكدت لي أن كل شيء سيكون على ما يرام.

"أعلم أنك المديرة، وليس لدي الحق في التدخل، لكن لا يمكنني التزام الصمت في مثل هذه المواقف."

"سيكون الطقس في ذلك اليوم جيدا وسيذهب مع الأطفال عدد من المرشدين والمعلمين. لا تقلقي. كل شيء سيكون على ما يرام."

”أتمنى ذلك!“

انتهى وقت العمل، وعدنا أنا ويحيى إلى منزل عائلته وتناولنا الغداء معا. أخرج يحيى ورقة الرحلة من حقيبته وطلب من والديه السماح له بالذهاب. رفضت والدته الأمر في البداية، ولكن بعد إصراره وإلحاحه وافقت والدته. وكان سعيدا جدا وأخبرني بالتحضيرات الخاصة بالرحلة وعد لي أسماء أصدقائه الذين سيرافقونه في الرحلة.

❖ ❖ ❖

كانت الرحلة في يوم 25 أكتوبر 2018، وهو حدث مهم جدا لجميع الطلاب في الفصل. كانوا ينتظرونه لأكثر من أسبوع. في ذلك اليوم، كانوا سعداء منذ الصباح. كان كل واحد منهم يرتدي الملابس الجديدة بجانب جميع التحضيرات والوجبات المجهزة لهذا اليوم. ودعت يحيى وبقية الطلاب.

قبل أن يصعد إلى الحافلة، قال لي: ”معلمتي، حان وقت المغامرة الجديدة. سأخبر طفلك عنها عندما يأتي. قولي له أن ينتظرني.“

”لا تقلق، يا يحيى. أنا وطفلي سننتظرك. نحن نجهز لك مفاجأة جميلة جدا لعيد ميلادك غدا.“

”مرحى! أنا أسعد شخص في العالم! اليوم رحلة وغدا احتفال!“

”اذهب! اعتن بنفسك واستمتع يا عزيزي!“

”بالتأكيد! إلى اللقاء!“

❖ ❖ ❖

بعد بضع ساعات كان المطر يهطل لأول مرة في عمان! كانت أمطارا خفيفة تكاد أن تشعر بها. كان يحيى وأصدقاؤه في الرحلة يسيرون بين الصخور، وكان المرشدون يخبرونهم عن هذا المكان الجميل. كانوا يضحكون ويستكشفون مناطق جديدة.

وفجأة، وبدون سابق إنذار، تدفقت المياه من كل الأماكن. كانت المياه قوية جدا على غير المعتاد.

بدأوا يركضون نحو الصخور العالية. بعض الناس وصل إلى الصخور، والبعض الآخر جرفته المياه. أصوات وصرخات في كل مكان وكل منهم يحاول مساعدة الآخر، والبعض يحاول النجاة، ومنهم من رأوا أصدقائهم يموتون أمامهم وهم عاجزون عن فعل أي شيء.

رفيق الدرب والصاحب جرفته المياه بعيدا وصديقه يتشبث بحجر، خائف أن تكون نهايته مثل نهاية صديقه.

والفتاة الأنيقة، التي كان همها الأكبر هو الحفاظ على لباسها نظيفا، تلطخت بالطين ودفنت تحت الصخور.

ويحيى؟ أين يحيى؟

وصلنا إلى مكان الحادث وبدأنا نبحث بين الوجوه! كانت والدة يحيى تبحث عنه وتحدق بين كل الوجوه المغطاة بالطين على أمل أن ترى ملامح طفلها بينهم.

طلابي في كل مكان... كنت أشعر بالسعادة عندما أرى طالبا عائدا مع عائلته بأمان وأشعر بالضيق عندما أرى طالبا في عربة الموتى.

جاءني طالب اسمه يامن وقال لي: "يا آنسة، توفي يحيى بينما كان يحاول مساعدتي. سحبته المياه بعيدا، ولم أستطع مساعدته."

بعد ساعات، أحضروا لنا جثة يحيى.

شعرت أنه كابوس مرعب يجب أن أستيقظ منه. فقد الطفل القوي قوته، وعيناه الآن مغلقتان إلى الأبد، ولن نسمع قصصه الجميلة مرة أخرى. رحل بعيدا وتركنا هنا مكسورين الخاطر.

ألم تخبرني أنك ستعود وتخبر الطفل عن مغامراتك؟ ألم تطلب مني أن أقول له أن ينتظرك يا يحيى؟

وعيد ميلادك! كيف سنودعك قبل يوم عيد ميلادك بيوم واحد فقط؟ كيف يمكن أن يكون كل شيء في الحفل جاهزا إلا صاحب الحفل؟ نفخنا البالونات وأعددنا كعكة كتب عليها الرقم "10".

عشر سنوات فقط يا يحيى! يعيش بعض الناس طويلا دون أي أثر، والبعض يعيشون قليلا ويتركون بصمة كبيرة في حياة الجميع.

سميته يحيى ليحيا لكن لم يكن له من اسمه نصيب

❖ ❖ ❖

مرت أيام عديدة وتغيرت قناعاتي. كنت درسي في هذه الحياة يا يحيى. مازال الأمل موجود ولن أفقد الأمل كما وعدتك يا حبيبي. ستبقى دائما في قلوبنا وعقولنا، ولن ننساك أبدا.

بالمناسبة، الطفل الذي كنت تنتظره موجود هنا الآن، لكنك في مكان آخر. سميته يحيى ليحيا. أنا واثقة من أنكما ستجلسان معا في يوم من الأيام ويخبر كل منكما الآخر عن مغامراته الجميلة.

قدر لبعض الناس ألا يبقوا، ولبعضهم أن يعلمونا درسا ويزرعوا الأمل بداخلنا. لن تسأل السحابة القادمة عن حجم الضرر الذي يمكن أن تتسبب به طالما أنها ستترك لنا قوس قزح بعد مغادرتها.

"أمي، هل كنت تحبين يحيى؟"

"لو لم أكن أحبه لما أسميتك باسمه."

"كان يحيى قويا، لكنني سأكون أقوى، وسأظل معك دائما."

"حفظك الله."

Comprehension Questions

1. كَيْفَ شَعَرَتِ المُعَلِّمَةُ عِنْدَما عَلِمَتْ بِحَمْلِها؟
2. لِماذا رَفَضَتْ والِدَةُ يَحْيى في البِدايَةِ أَنْ يَذْهَبَ إِلى الرِّحْلَةِ؟
3. ما تاريخُ الرِّحْلَةِ؟
4. كَيْفَ كانَ الطَّقْسُ يَوْمَ الرِّحْلَةِ؟
5. ماذا حَدَثَ لِلْمُعَلِّمَةِ بَعْدَ طَلاقِها مِنْ زَوْجِها الأَوَّلِ؟
6. مَنِ اقْتَرَحَ عَلى المُعَلِّمَةِ الزَّواجَ مِنْ خالِ يَحْيى؟
7. كَيْفَ كانَتْ شَخْصِيَّةُ يَحْيى في المَدْرَسَةِ؟
8. مَتى كانَ عيدُ ميلادِ يَحْيى؟
9. كَمْ كانَ عُمْرُ يَحْيى عِنْدَما تُوُفِّيَ؟
10. لِماذا سَمَّتِ المُعَلِّمَةُ ابْنَها يَحْيى؟
11. ما المَرَضُ الَّذي عانى مِنْهُ يَحْيى في طُفولَتِهِ؟
12. أَيْنَ كانَتِ الرِّحْلَةُ المَدْرَسِيَّةُ؟
13. مَنْ أَخْبَرَ المُعَلِّمَةَ عَنْ وَفاةِ يَحْيى؟
14. ما آخِرُ ما قالَهُ يَحْيى لِلْمُعَلِّمَةِ؟
15. كَيْفَ حاوَلَ يَحْيى إِقْناعَ المُعَلِّمَةِ بِالزَّواجِ مِنْ خالِهِ؟
16. كَمْ سَنَةً عاشَتِ المُعَلِّمَةُ بِدونِ إِنْجابٍ بَعْدَ زَواجِها الأَوَّلِ؟
17. ما كانَتْ وَظيفَةُ المُعَلِّمَةِ؟
18. كَيْفَ تُوُفِّيَ يَحْيى؟
19. ما المُفاجَأَةُ الَّتي كانوا يُحَضِّرونَها لِعيدِ ميلادِ يَحْيى؟
20. كَيْفَ كانَتْ عَلاقَةُ يَحْيى مَعَ زُمَلائِهِ في الفَصْلِ؟

1. How did the teacher feel when she found out she was pregnant?

2. Why did Yehya's mother initially refuse to let him go on the trip?

3. What was the date of the trip?

4. What was the weather like on the day of the trip?

5. What happened to the teacher after her first husband divorced her?

6. Who suggested that the teacher marry Yehya's uncle?

7. What was Yehya's personality like at school?

8. When was Yehya's birthday?

9. How old was Yehya when he died?

10. Why did the teacher name her son Yehya?

11. What illness did Yehya have when he was young?

12. Where was the school trip to?

13. Who told the teacher about Yehya's death?

14. What was the last thing Yehya said to the teacher?

15. How did Yehya try to convince the teacher to marry his uncle?

16. How many years did the teacher live without children after her first marriage?

17. What was the teacher's job?

18. How did Yehya die?

19. What was the surprise they were preparing for Yehya's birthday?

20. How was Yehya's relationship with his classmates?

Answers to the Comprehension Questions

1. كانَ أَسْعَدَ يَوْمٍ في حَياتِها.
2. خَوْفًا عَلَيْهِ مِنَ الطَّقْسِ وَالظُّروفِ.
3. الخامِسُ وَالعِشْرونَ مِنْ أُكْتوبَرَ 2018.
4. كانَتْ هُناكَ غُيومٌ سَوْداءُ وَأَمْطارٌ خَفيفَةٌ.
5. أَصْبَحَتْ مُعَلِّمَةً وَأَحَبَّتْ طُلّابَها كَأَبْنائِها.
6. والِدَةُ يَحْيى.
7. كانَ ذَكِيًّا وَمَحْبوبًا وَمُحِبًّا لِلتَّعَلُّمِ.
8. السّادِسُ وَالعِشْرونَ مِنْ أُكْتوبَرَ.
9. عَشْرُ سَنَواتٍ.
10. تَخْليدًا لِذِكْرى يَحْيى الَّذي تُوُفِّيَ.
11. كانَ يُعاني مِنْ مُشْكِلَةٍ في التَّنَفُّسِ وَكانَ يَعيشُ عَلى أُنْبوبَةِ الأُكْسُجينِ.
12. البَحْرُ المَيِّتُ.
13. طالِبٌ اسْمُهُ يامِنٌ.
14. أَنَّهُ سَيُخْبِرُ الطِّفْلَ عَنْ مُغامَراتِهِ.
15. قالَ لَها إِنَّ كُلَّ إِنْسانٍ يَسْتَحِقُّ فُرْصَةً ثانِيَةً في الحَياةِ.
16. خَمْسَ عَشْرَةَ سَنَةً (مِنْ عُمْرِ عِشْرينَ إِلى خَمْسَةٍ وَثَلاثينَ).
17. كانَتْ مُعَلِّمَةَ اللُّغَةِ العَرَبِيَّةِ.
18. غَرِقَ وَهُوَ يُحاوِلُ مُساعَدَةَ صَديقِهِ يامِنٍ.
19. كَعْكَةٌ وَبالوناتٌ وَحَفْلَةُ عيدِ ميلادٍ.
20. كانَ مَحْبوبًا جِدًّا وَجَميعُ زُمَلائِهِ يُحِبّونَهُ.

1. It was the happiest day of her life.
2. She was worried about the weather and conditions.
3. October 25, 2018.
4. There were black clouds and light rain.
5. She became a teacher and loved her students like her own children.
6. Yehya's mother.
7. He was intelligent, beloved, and loved learning.
8. October 26.
9. Ten years old.
10. To commemorate the Yehya who died.
11. He had breathing problems and lived on oxygen.
12. The Dead Sea.
13. A student named Yamen.
14. That he would tell the baby about his adventures.
15. He told her everyone deserves a second chance in life.
16. Fifteen years (from age 20 to 35).
17. Arabic language teacher.
18. He drowned while trying to help his friend Yamen.
19. A cake, balloons, and a birthday party.
20. He was very beloved and all his classmates loved him.

SUMMARY

Read the scrambled summary of the story below. Write the correct number (1–10) in the blank next to each event to show the proper sequence.

___ اِقْتَرَحَتْ والِدَةُ يَحْيى عَلى المُعَلِّمَةِ الزَّواجَ مِنْ خالِهِ، وَبَعْدَ تَشْجيعٍ مِنْ يَحْيى وافَقَتْ.

___ كانَ يَحْيى قَوِيًّا وَذَكِيًّا، وَقَدْ نَجا مِنْ مَرَضٍ خَطيرٍ في طُفولَتِهِ.

___ سَمَّتِ المُعَلِّمَةُ ابْنَها يَحْيى تَخْليدًا لِذِكْرى الطِّفْلِ الَّذي غَيَّرَ حَياتَها.

___ كانَ هُناكَ زَوْجَةٌ عَقيمَةٌ، فَطَلَّقَها زَوْجُها لِهَذا السَّبَبِ.

___ تُعَلِّمُنا القِصَّةُ أَنَّ بَعْضَ النّاسِ يَتْرُكونَ أَثَرًا عَميقًا حَتّى لَوْ لَمْ يَعيشوا طَويلًا.

___ تَعَرَّفَتْ عَلى طالِبٍ اسْمُهُ يَحْيى في التّاسِعَةِ مِنْ عُمْرِهِ، وَكانَ مُمَيَّزًا جِدًّا.

___ حَدَثَ فَيَضانٌ مُفاجِئٌ، وَتُوُفِّيَ يَحْيى وَهُوَ يُحاوِلُ مُساعَدَةَ صَديقِهِ.

___ قَبْلَ عيدِ ميلادِهِ العاشِرِ بِيَوْمٍ، ذَهَبَ يَحْيى في رِحْلَةٍ مَدْرَسِيَّةٍ إِلى البَحْرِ المَيِّتِ.

___ أَصْبَحَتْ تُدَرِّسُ في المَدْرَسَةِ وَأَحَبَّتْ طُلّابَها كَأَبْنائِها.

___ تَزَوَّجَتِ المُعَلِّمَةُ خالَ يَحْيى وَحَمَلَتْ، وَفَرِحَ يَحْيى كَثيرًا وَبَدَأَ يُخَطِّطُ لِلْمُسْتَقْبَلِ.

5   Yehya's mother suggested that the teacher marry his uncle, and after Yehya's encouragement, she agreed.

4   Yehya was strong and intelligent, and had survived a serious illness in his childhood.

9   The teacher named her son Yehya to commemorate the boy who changed her life.

1   There was a wife who couldn't have children and was divorced by her husband because of this.

10 The story teaches us that some people leave a deep impact even if they don't live long.

3   She met a special student named Yehya, who was nine years old and very exceptional.

8   A sudden flood occurred, and Yehya died while trying to help his friend.

7   The day before his tenth birthday, Yehya went on a school trip to the Dead Sea.

2   She became a teacher and loved her students like her own children.

6   The teacher married Yehya's uncle and became pregnant, and Yehya was overjoyed and began planning for the future.

MODERN STANDARD ARABIC READERS SERIES

www.lingualism.com/msar

www.ingramcontent.com/pod-product-compliance
Lightning Source LLC
Chambersburg PA
CBHW061844040426
42447CB00012B/3125